Myötätunto –
ainoa tie rauhaan

Sri Mata Amritanandamayin puhe

Cinéma Vérité 2007 - filmfestivaaleilla

Pariisissa 12.10.2007

Mata Amritanandamayi Center, San Ramon
Kalifornia, Yhdysvallat

Myötätunto – ainoa tie rauhaan

Kääntänyt Swami Amritaswarupananda Puri

Julkaisija:
Mata Amritanandamayi Center
P.O. Box 613, San Ramon, CA 94583
Yhdysvallat

— *Compassion, the Only Way to Peace (Finnish)* —

Ensimmäinen painos MA Centerin: huhtikuu 2016

Suomen kotisivut: www.amma.fi

Intiassa:
   inform@amritapuri.org
   www.amritapuri.org

Esipuhe

Lokakuussa 2007 Ranskalainen elokuvasäätiö Cinéma Vérité kutsui Amman puhumaan nykyään lisääntyvistä ihmiskunnan sekä luonnon aiheuttamista katastrofeista. Amma on tullut tutuksi Cinéma VérItéelle ainutlaatuisena henkisenä johtohahmona ja humanitaarina Jan Kounenin 2005 tekemän *Darshan: The Embrace* – dokumentin perusteella. Järjestö on jo pitkään keskittynyt herättämään elokuvan keinoin tietoisuutta mm. ihmisoikeuskysymyksistä. Innoittuneena Jan Kounenin kuvauksesta Ammasta Cinéma Vérité koki, että oli aika myöntää vuotuinen Cinéma Vérité-palkinto henkilöille, jotka tekevät poikkeuksellista työtä maailman rauhan ja hyvinvoinnin eteen. Ammalla oli tämän kunnianosoituksen ensimmäinen vastaanottaja.

Tilaisuus pidettiin Pariisin keskustassa sijaitsevassa taide-elokuvateatterissa Place de la Bastillessa osana Cinéma Vérité 2007- filmifestivaaleja. Muita festivaaleille osallistuneita kunniavieraita olivat vuoden 1997 Nobelin rauhanpalkintoehdokas Jody Williams, Oscar-palkittu näyttelijä

4

Sharon Stone sekä yhteiskunta- ja ihmisoikeus-
aktivisti Bianca Jagger.

Stone ja Kounen esittelivät Amman ja toi-
vottivat hänet tervetulleeksi. "Ei todellakaan ole
ketään toista, joka osaisi puhua rauhasta kuten
Amma. Hän ei pelkästään *elä elämäänsä* rauhassa,
vaan hänen läsnäolonsa *herättää* rauhan tunteen.
Olemme iloisia siitä, että meillä on tämä tilai-
suus kunnioittaa Ammaa ensimmäisellä Cinéma
Vérité-palkinnolla hänen maailman rauhan ja
harmonian hyväksi tekemästään työstä."

Kounen kertoi kokemuksistaan Ammaa fil-
matessaan, viitaten häneen sellaisena henkilönä,
jolla on voimaa saada ihmisissä aikaan muutoksia.
"Olen onnekas ollessani ohjaaja, joka voi itse
valita elokuviensa aiheet", hän sanoi. "Minulla
oli tilaisuus viettää aikaa Amman kanssa ja
mahdollisuus nähdä mitä hän tekee ja tulla
ymmärtämään sitä todellisuutta mikä hän on.
Tämä antoi minulle tilaisuuden tehdä matkan
ja tuoda jotakin tuliaisiksi – tämän elokuvan.
Sain mahdollisuuden kertoa muille Ammasta,
sen mitä saatoin nähdä, tuntea ja kokea aikana
jonka vietin Amman kanssa. Tämä tarjosi minulle

tilaisuuden viedä viesti muille sekä todistaa sellaisen ihmisen olemassaolosta, jolla on kyky muuttaa toisia."

Kounen, joka on ohjannut sekä mystiikkaa käsitteleviä elokuvia että dokumentteja sanoi, että hänen kokemuksensa Ammaa kuvatessaan oli ainutlaatuinen. "Itse olen käsitellyt henkisyyttä, parantajia ja ihmeidentekijöitä koskevia aiheita, mutta Ammassa löysin sellaista taikaa jonka on käsinkosketeltavaa. Hän tekee asiat aivan silmiesi edessä. Tämä on hänessä kaikkein ihmeellisintä, asioita jotka voit nähdä omin silmin. Ja sinun yksinkertaisesti pitää saada kaikki filmille nähdäksesi sen myöhemmin itse ja antaaksesi muillekin mahdollisuuden nähdä. Haluaisin kiittää Ammaa siitä, että antoi minulle tilaisuuden tehdä tämän elokuvan. Kiitos."

Seuraavaksi Sharon Stone puhui Ammasta. "Pyhimyksen esitteleminen on iso työ. Enkelin kuvaaminen on jo aivan toista luokkaa. Darshan oli tavattoman inspiroiva elokuva. Mutta sellaisen henkilön elämä, joka antaa itsensä palvellakseen muita on jotakin, johon me kaikki voimme yrittää pyrkiä, sillä se on valinta. Voit

Oscar-palkittu näyttelijä Sharon Stone ojentaa
Ammalle ensimmäisen vuosittain jaettavan
Cinéma Vérité-palkinnon hänen hänen työstään
maailman rauhan ja harmonian edistämiseksi.

valita antavasi itsesi muiden palvelukseen. Kuten Milton sanoi menettäessään näkökykynsä: "Jo se että odottaa tilaisuutta palvella muita voi itsessään olla palvelus. Se että on valmis palvelemaan muita" Elämme aikaa joilloin maailmassa on tarpeita enemmän kuin koskaan. Enemmän kuin koskaan, elämme nyt aikakautta, jolloin meidän täytyy harkita tekojamme, sillä meidän täytyy tehdä hyviä tekoja, meidän täytyy tehdä armon tekoja."

"Amma on tehnyt armon tekoja koko elämänsä. Hän on halannut 26 miljoonaa ihmistä. Mutta hän ei ole tehnyt sitä pelkästään antamisen, vaan esimerkin vuoksi; esimerkkinä antamisesta ja hyvyydestä, huomaavaisuudesta ja toisten palvelemisesta. Odottaen heitä halaukseensa ja että he eläisivät sen jälkeen hyvin. Toivottakaamme tervetulleeksi tämä henkilö, joka ei ole ainoastaan pyhimys ja enkeli vaan aktiivisen hyvyyden henkilöitymä."

Cinéma Vérités arvostuksen merkkinä Ammaa ja hänen työtään kohtaan Sharon Stone antoi Ammalle hopeisen kaulakorun ja riipuksen. Tämä sai katsomossa aikaan suuret suosionosoitukset.

Puheessaan "Myötätunto on ainoa tie rauhaan" Amma tarjosi realistista ja rakentavaa analyysia nykymaailman ongelmista, nimeten erinäisiä ongelma-alueita ja sanoi että ne voidaan korjata vain myötätunnolla.

Puhuessaan sodista, Amma oli varsin suorapuheinen: "Ristiriitoja on esiintynyt aikojen alusta alkaen. On ahdistavaa todeta, että niiden täydellinen poistaminen on mahdotonta, mutta sehän on totuus, vai mitä?"

Vaikka myönsikin ettei sotia voi kokonaan poistaa, Amma suri sodankäynnin etiikan ja käytäntöjen rappeutumista. Hän selitti kuinka entisinä aikoina jalkamiehet taistelivat vain toisia jalkamiehiä vastaan, ratsumiehet toisia ratsumiehiä vastaan jne. Kuinka ei ollut luvallista hyökätä aseettoman soturin kimppuun tai vahingoittaa naisia tai lapsia, kuinka taistelu päättyi auringon laskiessa ja jatkui vasta auringon noususta. "Tällaista oli oikeudellinen sota. Tämän hienon perinteen mukaan vihollista kohdeltiin kunnioittavasti ja ystävällisesti, sekä taistelukentällä että sen ulkopuolella. Viholliskansan kulttuuria ja perinteitä kunnioitettiin. Näin rohkea oli senaikaisten ihmisten näkemys."

Amma sanoi, että nykyisin sodankäynti on täysin erilaista: "Nykyaikaisessa sodassa vihollisvaltiota tuhotaan kaikin mahdollisin keinoin. Valloittajat yrittävät alistaa valloitetut, ryöväten ja riistäen heidän maansa, luonnonvaransa ja vaurautensa ja käyttäen niitä itsekkäästi omiin nautintoihinsa. Sukupolvelta toiselle siirtyneet kulttuuri ja perinteet tuhotaan ja viattomia ihmisiä tapetaan säälimättömästi."

Amma sanoi että se väkivalta ja kärsimys mitä ihmiskunnan viha ja ahneus on saanut aikaan, on tuonut mukanaan lukemattomia kirouksia. "Vapautuakseen niistä, vähintäänkin sadan tulevan sukupolven pitäisi pyyhkiä kärsivien kyyneleet, lohduttaa heitä ja lievittää heidän kipuaan. Eikö meidän viimeistään nyt pitäisi sovitukseksi pyrkiä sisäiseen muutokseen?"

Amma vetosi maailman johtajiin, että he hylkäisivät vanhat käsityksensä ja ajatuksensa sodankäynnistä "Meidän pitäisi tehdä loppu ihmisten sodan nimissä harjoittamasta julmuudesta ja säälimättömyydestä. Sota on sivistymättömän mielen tuote. Vanhojen ajatusten tulisi pudota pois, ja niiden tilalle pitäisi puhjeta uudet myötätunnon ja kauneuden lehdet, kukat ja hedelmät. Vähitellen voimme tuhota sisäisen vihollisemme "sodanhimon", joka on kirous sekä ihmiskunnalle että luonnolle. Sitten voimme aloittaa uuden aikakauden rauhan ja onnellisuuden toivossa."

Seuraava Amman mainitsema ongelma-alue oli tieteen ja uskonnon välinen suhde. "Tosiasiassa tieteen ja uskonnon tulisi kulkea käsi kädessä. Sekä tiede ilman uskontoa että uskonto ilman tiedettä ovat molemmat epätäydellisiä. Valitettavasti yhteiskunta yrittää jakaa ihmiset uskonnollisiin ja tieteellisiin tyyppeihin. Tiedemiehet sanovat että uskonto ja henkisyys perustuvat sokeaan uskoon. Vastavuoroisesti he väittävät, että tiede perustuu kokein todistettuihin tosiasioihin. Kysymys kuuluu: Kummalla puolella sinä olet? Usko vai todistettu tosiasia?"

Amma vakuutti, että itse asiassa tieteellä ja uskonnolla on samankaltaiset päämäärät. Toinen tekee tutkimusta ulkoisessa ja toinen sisäisessä laboratoriossa. Amma sanoi: "Millainen on kokemamme maailma? Kuinka se toimii niin täydellisen tasapainoisesti? Mistä se on tullut? Minne se on menossa? Mihin se johtaa? Kuka minä olen? Tällaisia kysymyksiä he pohtivat. Ketkä kysyvätkään tällaisia kysymyksiä, uskon vai tieteen edustajat? Molemmat."

Amma lopetti sanoen: "Meidän tulisi oppia historiasta kuitenkaan elämättä menneisyydessä. Meidän tulisi yrittää tulla menneisyyden pimeistä käytävistä ulos rauhan, harmonian ja yhtenäisyyden valoon. Tieteen ja uskonnon yhdistyminen auttaisi meitä pääsemään tähän tavoitteeseen."

Amma puhui myös uskontojenvälisistä ristiriidoista ja sanoi, että ihmisten ahdasmielisyyden ja tietämättömyyden ansiosta hengelliset liikkeet, jotka oli tarkoitettu valon lähteiksi, ovat sen sijaan luoneet varjoja. "Uskonto ja henkisyys ovat se avain, millä voimme avata sydämemme katsomaan kaikkia myötätuntoisesti. Mutta itsekkyyden sokaisemat mielemme ovat menettäneet arvostelukykynsä ja näkemyksemme on vääristynyt. Tämä asenne luo vain lisää pimeyttä. Harkitsemattomat mielemme lukitsevat sydämemme kiinni sen avaamiseen tarkoitetulla avaimella."

Suuri osa Amman puheesta keskittyi tasapainon katoamiseen ihmisten ja luonnon välillä ja sen seurauksiin: maanjäristyksiin, tsunameihin, ilmaston lämpenemiseen, rajuihin säänmuutoksiin, kuivuuteen jne. Jälleen Amma vertasi tilannetta entisiin aikoihin. "Entisinä aikoina ei ollut tarpeen suojella luontoa, koska luonnonsuojelu oli osa Jumalan palvelemista ja osa elämää itseään. Mieluummin kuin pohdiskelivat "Jumalaa", entisajan ihmiset rakastivat ja palvelivat luontoa ja yhteiskuntaa. He näkivät luojan luomakunnassa. He rakastivat, palvoivat ja suojelivat luontoa Jumalan näkyvänä muotona. Yrittäkäämme jälleen herättää tämä näkemys. Tänä päivänä ihmiskunnan suurin uhka ei ole kolmas maailmansota, vaan luonnon tasapainon katoaminen, yhä kasvava etääntymisemme luonnosta. Meidät pitäisi kehittyä olemaan yhtä valppaita kuin henkilö, jota uhataan aseella. Ainoastaan silloin voi ihmisrotu selvitä."

Ammalla oli joitakin edotuksia ihmiskunnan ja luonnon väliltä kadonneen sopusoinnun palauttamiseksi: tehtaiden päästöjen rajoittaminen, kimppakyydit, lyhyiden matkojen kulkeminen jalan tai polkupyörällä, kotipuutarhojen pito ja itse kultakin ainakin yhden puun istuttaminen kuukaudessa.

"Luonto on ensisijainen äitimme. Se huolehtii meistä koko elämämme ajan. Meidät synnyttänyt äiti antaa meidän istua sylissään parin vuoden ajan, mutta luontoäiti kärsivällisesti kantaa painoamme koko elinikämme. Luontoäiti tuudittaa meidät uneen laulullaan, syöttää ja hoivaa meitä. Niin kuin lapsikin on velkaa äidilleen, niin myös äiti luontoa kohtaan meidän kaikkien tulisi tuntea vastuuta ja kiitollisuutta. Jos unohdamme tämän velvollisuutemme, se on sama kuin unohtaisimme oman itsemme. Jos unohdamme luonnon, lakkaamme olemasta. Silloin kuljemme kohti kuolemaa."

Koko puheen ajan Amma jatkuvasti painotti sitä, että ainoa todellinen ratkaisu kaikkiin näihin ongelmiin on myötätunto. "Myötätunto on rauhan perusta. Meissä jokaisessa on myötätuntoa. Kuitenkin sitä on vaikea kokea ja ilmaista kaikissa teoissamme. Meidän tulee katsoa sisäämme ja tutkiskella syvällä sisimmässämme...

Jos haluamme rauhaa ulkoiseen maailmaan, tulisi sisäisessäkin maailmassamme vallita rauha. Rauha ei ole älyllinen ratkaisu. Se on kokemus."

Amman puhe, samanaikaisesti englanniksi ja ranskaksi tulkattuna, sai raikuvat suosionosoitukset. Sen jälkeen ilta jatkui, ei sanoin vaan teoin; Amma rakastavasti halasi kaikki tilaisuuteen osallistujat sydämellisessä darshanissaan.

Swami Amritaswarupananda Puri
Varapuheenjohtaja
Mata Amritanandamayi Math

Myötätunto –
ainoa tie rauhaan

Sri Mata Amritanandamayi

Pariisissa 12.10.2007

Ristiriitoja on esiintynyt aikojen alusta alkaen. On ahdistavaa todeta, että niiden täydellinen poistaminen on mahdotonta, mutta sehän on totuus, vai mitä? Tämä johtuu siitä että maailmassa tulee aina olemaan sekä hyvää että pahaa. Kamppailussa hyvyyden puolesta pahaa vastaan, ei ristiriitoja voida kokonaan välttää. Tällaisia konflikteja on esiintynyt lähes kaikissa maissa sisäisten selkkausten, sotien ja lakkojen muodossa. Vaikkakin suurin osa sodista on käyty itsekkäiden etujen nimissä, on ollut joitakin harvinaisia tilanteita, jolloin ihmisten yleinen hyvinvointi on otettu huomioon ja siten saatu aikaan parannusta.

Valitettavasti, suurinta osaa sodista ei ole käyty totuuden ja oikeuden puolustamiseksi vaan niiden vaikuttimena on ollut itsekkyys.

Alkaen noin viisituhatta vuotta sitten aina mahtavan intialaisen kuninkaan Chandragupta Mauryan kauteen saakka totuudellisuus ja dharma [oikeudenmukaisuus] näyttelivät suurta osaa intialaisissa sodissa. Jo tuolloin vihollisen kukistaminen ja tarvittaessa tuhoaminen olivat osa sodankäyntiä, mutta taistelukentällä tuli noudattaa selkeitä sääntöjä.

Esimerkiksi, jalkaväen tuli taistella vain toisiaan vastaan. Ratsumiehet saivat taistella vain toisten ratsumiesten kanssa. Norsuilla ratsastavat ja vanuilla liikkuvat soturit taistelivat vain samankaltaisten vihollisten kanssa. Samat säännöt pätivät nuija-, miekka-, keihäs- ja jousimiehiin. Sotilas ei saanut hyökätä haavoittuneen tai aseettoman sotilaan kimppuun. Heillä ei ollut lupaa satuttaa naisia, lapsia, vanhuksia tai sairaita. Taistelut alkoivat aamunkoitossa torven soitolla ja päätyivät täsmälleen auringon laskuun, minkä jälkeen molempien osapuolten soturit unohtivat vihollisuudet ja illastivat yhdessä. Taistelu jatkui jälleen seuraavana aamuna auringon noustessa.

On ollut jopa tapauksia, jolloin voittoisat kuninkaat ovat palauttaneet koko kuningaskunnan ja kaikki voittamansa rikkaudet takaisin hävinneille kuninkaille tai heidän perillisilleen. Tällaista oli oikeudellinen sota. Tämän hienon perinteen mukaan vihollista kohdeltiin kunnioittavasti ja lempeästi, sekä taistelukentällä että sen ulkopuolella. Vihalliskansan kulttuuria ja perinteitä kunnioitettiin. Näin rohkea oli senaikaisten ihmisten näkemys.

Terrori-iskujen torjumiseksi on lentokentille ja muille julkisille paikoille asetettu ankaria turvatoimenpiteitä. Vaikka nämä toimenpiteet ovatkin meille ehdottoman tärkeitä fyysisen turvallisuuden kannalta, eivät ne ole lopullinen ratkaisu. On olemassa eräs räjähde, joka on kaikkein tuhoisin, mutta sitä ei voi mikään koje jäljittää. Se on ihmismielessä kytevä viha, halveksunta ja kostonhimo.

Amma muistaa tähän liittyvän tarinan.

Kylän päällikkö vietti satavuotispäiviään. Kutsuilla oli läsnä useita kunniavieraita ja toimittajia.

Yksi heistä kysyi: "Mistä tämän pitkän elämäsi saavutuksesta olet kaikkein ylpein?"

Vanha mies vastasi: "No, olen elänyt satavuotiaaksi, mutta minulla ei ole tällä planeetalla yhtäkään vihollista."

"Todellako, sehän on hämmästyttävää!", toimitaja sanoi. "Olkoon elämäsi innoitukseksi muille! Kerrohan minulle nyt, miten se on mahdollista?"

"No,"vastasi vanhus, "hyvin yksinkertaista. Pidin huolen siitä, ettei yksikään heistä pysynyt hengissä!"

Jos emme kitke pois tuhoisia tunteitamme, ei sodista ja väkivallasta tule loppua.

Nykyaikaisessa sodassa vihollisvaltiota tuhotaan kaikin mahdollisin keinoin. Valloittajat yrittävät alistaa valloitetut, ryöväten ja riistäen heidän maansa, luonnonvaransa ja vaurautensa ja käyttäen niistä itsekkäästi omiin nautintoihinsa. Sukupolvelta toiselle siirtyneet kulttuuri ja perinteet tuhotaan ja viattomia ihmisiä tapetaan säälimättömästi.

Edelleen, emme voi edes kuvitella niiden myrkyllisten kemikaalien määrää, millä pommit ja muut aseet täyttävät ilmakehän ja saastuttavat maan. Kuinka monet sukupolvet joutuvatkaan kärsimään fyysisesti ja psyykkisesti niiden seurauksista! Sotaa seuraavat ainoastaan kuolema, köyhyys, nälänhätä ja kulkutaudit. Sellaisia ovat sodan lahjat ihmiskunnalle.

Tänä päivänä vauraat maat lietsovat sotaa usein vain edistääkseen uusimpien aseiden myyntiä. Riippumatta siitä miten toimimme, vaikka kyseessä olisikin sota, niin päämääränä tulisi olla totuuden ja dharman suojelu. Amma ei sano, että sodat ovat välttämättömiä. Sota ei koskaan ole tarpeellinen. Mutta niin kauan kuin ihmisten mielet ovat täynnä ristiriitoja, kykenemmekö me koskaan täysin poistamaan sotia ulkoisesta maailmasta? Tämä on asia, jota meidän pitäisi pohtia.

Suurin syy eräisiin aikakautemme konflikteihin on se, että tiede ja uskonto on erotettu toisistaan. Tosiasiassa tieteen ja uskonnon tulisi kulkea käsi kädessä. Sekä tiede ilman uskontoa että uskonto ilman tiedettä ovat molemmat epätäydellisiä.

Valitettavasti yhteiskunta yrittää jakaa ihmiset uskonnollisiin ja tieteellisiin tyyppeihin.

Tiedemiehet sanovat että uskonto ja henkisyys perustuvat sokeaan uskoon. Vastavuoroisesti he väittävät, että tiede perustuu kokein todistettuihin tosiasioihin. Kysymys kuuluu: Kummalla puolella sinä olet? Usko vai todistettu tosiasia?

On virheellistä väittää, että uskonto ja henkisyys perustuvat sokeaan uskoon, eikä niiden periaatteita ole voitu näyttää toteen. Itse asiassa, henkiset mestarit ovat ehkä tehneet paljon perustavampaa tutkimusta kuin nykyiset tiedemiehet. Aivan samoin kuin nykyajan tieteilijät tutkivat ulkoista maailmaa, suuret tietäjät suorittivat tutkimuksia mieltensä sisäisissä laboratorioissa. Tästä näkökulmasta katsoen, myös he olivat tiedemiehiä. Todellisen uskonnon perusta ei ole sokea usko, vaan "sraddha." Shraddha on tutkiskelua, se on intensiivinen tutkimusmatka omaan Itseen.

Millainen on kokemamme maailma? Kuinka se toimii niin täydellisen tasapainoisesti? Mistä se on tullut? Minne se on menossa? Mihin se johtaa? Kuka minä olen? Tällaisia kysymyksiä he pohtivat. Ketkä kysyvätkään tällaisia kysymyksiä, uskon vai tieteen edustaja? Molemmat.

Entisten aikojen tietäjät olivat suuria intellektuelleja. Mutta he olivat myös näkijöitä, jotka olivat oivaltaneet totuuden. Intellektuellit ovat ehdottomasti hyväksi yhteiskunnalle. Kuitenkaan pelkät sanat ja ajatukset eivät riitä. Ne ihmiset, jotka elävät nuo teoriat todeksi, ovat niitä jotka oikeasti hengittävät elämää ja kauneutta sanoihin ja ajatuksiin.

Kauan sitten eli eräs *mahatma*, joka kirjoitti kirjan nimeltä *"Myötätuntoa elävässä elämässä"*. Saadakseen kirjan julkaisuun tarvittavat rahat, hän lähestyi joitakin tuntemiaan ihmisiä ja he lupasivat auttaa häntä. Kuitenkin, juuri kun hän oli lähettämäisillään kirjan painoon, hänen kylässään puhkesi nälänhätä ja ihmisiä alkoi menehtyä. Hetkeäkään epäröimättä, hän käytti kirjan julkaisemiseen varatut rahat ja ruokki niillä nälkäisiä ja köyhiä. Rahoittajat olivat tyrmistyneitä. He kysyivät häneltä: "Mitä oletkaan mennyt tekemään? Kuinka nyt julkaiset kirjasi? Köyhyyttä ja nälänhätää on jatkuvasti. Maailmassa tulee aina olemaan syntymää ja kuolemaa. Ei ollut oikein käyttää niin suurta summaa tämän luonnonmullistuksen takia." Mahatma ei sanonut mitään, hän vain hymyili vastaukseksi.

Jonkin ajan kuluttua mahatma palasi samojen ihmisten luo, aikomuksenaan jälleen julkaista kirja. He epäröivät, mutta antoivat kuitenkin hänelle rahat. Mutta päivää ennen kuin hänen tuli viedä kirja painoon, tuli suuri tulva. Tuhannet kuolivat ja vielä useammat menettivät talonsa ja omaisuutensa. Jälleen hän antoi rahat tuhon uhreille. Tällä kertaa rahoittajat olivat vieläkin järkyttyneempiä. He pitivät mahatmalle ankaran puhuttelun, mutta hän ei reagoinut heidän sanoihinsa, vain hymyili vastaukseksi.

Kaikesta tästä huolimatta, mamatma oli itsepintainen ja vihdoinkin sai kirjansa painoon. Mutta sitten kun kirja vihdoin julkaistiin, niin se nimi olikin: *"Myötätuntoa elävässä elämässä: osa kolme"*. Sponsorit kysyivät vihaisina: "Eikö sinun pitäisi olla *sanjaasi*, henkilö, joka elää totuudessa? Kuinka voit valehdella näin? Kuinka tämä kirja voi olla "kolmas" osa? Missä ovat sen ensimmäinen ja toinen osa. Yritätkö pitää meitä pilkkanasi?"

Mahatma vastasi hymyillen: "Katsokaas, tämä on itse asiassa kirjan kolmas osa. Ensimmäinen osa oli se, kun kylässä kärsittiin nälänhätää. Toinen osa oli se, kun tulva vei tuhansien viattomien hengen ja omaisuuden. Kaksi ensimmäistä osaa osoittivat, miten voimme harjoittaa myötätuntoa elämässä käytännön tasolla. Hyvät ystävät, kirjat ovat vain sanoja. Kun elävä ihminen huutaa apua, jos silloin emme voi tarjota rakastavaa kättä auttaaksemme häntä kuiville, niin mitä hyötyä on silloin kirjasta, jossa kuvaillaan myötätuntoa?"

Jos haluamme tuoda sanoihimme ja ajatuksiimme eloa ja tietoisuutta, meidän täytyy pistää ne käytäntöön. Saavuttaaksemme tämän päämäärän, tulisi meidän etsiä sellainen tie millä uskonto ja nykytiede voisivat sopusointuisesti kulkea eteenpäin. Yhteisymmärryksen ei tulisi olla pelkästään ulkoinen näytös. Meidän pitää toimia päättäväisesti ymmärtääksemme ja soveltaaksemme ne uskonnon ja tieteen ominaisuudet, jotka ovat hyväksi yhteiskunnalle.

Puhtaasti tieteellinen mieli ei voi olla myötätuntoinen. Sellainen mieli on taipuvainen hyökkäämään, alistamaan ja häiriköimään muita.

Mutta, jos tieteellinen äly yhtyy henkiseen ymmärrykseen, uskonnon sisäiseen olemukseen, niin silloin myötätunto ja sopusointu kaikkien luotujen kanssa heräävät itsestään. Maailmamme historia kostuu pääasiassa vihamielisyyden, koston ja vihan tarinoista. Ne veriset virrat, jotka ovat syntyneet ihmisen yrittäessä ottaa kaiken itselleen ja alistaa muut, eivät ole vielä kuivuneet. Itse asiassa, jos katsomme menneisyyteen, näyttäisi siltä ettei ihmisrodulla ole ollut hiukkaakaan myötätuntoa, niin julmia ovat olleet sen teot.

Meidän tulisi oppia historiasta kuitenkaan elämättä menneisyydessä. Meidän tulisi yrittää tulla menneisyyden pimeistä käytävistä ulos rauhan, harmonian ja yhtenäisyyden valoon. Tieteen ja uskonnon yhdistyminen auttaisi meitä pääsemään tähän tavoitteeseen.

Uskonto ja henkisyys ovat se avain, millä voimme avata sydämemme katsomaan kaikkia myötätuntoisesti. Mutta itsekkyyden sokaisemat mielemme ovat menettäneet arvostelukykynsä ja näkemyksemme on vääristynyt. Tämä asenne luo vain lisää pimeyttä. Harkitsemattomat mielemme lukitsevat sydämemme kiinni sen avaamiseen tarkoitetulla avaimella.

Tarina kertoo neljästä miehestä, joiden matkalla uskonnolliseen kokoontumiseen piti yöpyä yhdessä saarella. Oli hyvin kylmä yö. Kullakin matkalaisella oli mukanaan tulitikkurasia ja puita tulentekoa varten, mutta itse kukin heistä luuli että hän oli ainoa kenellä oli tikkuja ja puita.

Yksi heistä ajatteli: "Päätellen tuon miehen kaulassa olevasti riipuksesta, sanoisin että hän kuuluu johonkin toiseen uskontoon. Jos sytytän tulen, myös hän hyötyy lämmöstä. Miksi minun pitäisi käyttää arvokasta puutani lämmittääkseni häntä?"

Toinen mies ajatteli: "Tuo henkilö on kotoisin maasta, joka on aina sotinut meitä vastaan. En voisi uneksiakaan käyttäväni puitani hänen mukavuudekseen!"

Kolmas miehistä katsoi muita ja ajatteli : "Tunnen tuon tyypin. Hän kuuluu siihen lahkoon, joka aina aiheuttaa ongelmia uskonnossani. En aio tuhlata puitani hänen takiaan!"

Neljäs mies ajatteli: "Tuolla miehellä on erivärinen iho ja vihaan sitä! En missään tapauksessa käytä puitani hänen hyväkseen!"

Lopulta kukaan ei ollut halukas sytyttämään puitaan muita lämmittääkseen, ja niinpä aamuun mennessä he kaikki jäätyivät kuoliaiksi. Samaan tapaan, me koemme vihamielisyyttä muita kohtaan uskonnon, kansalaisuuden, värin tai kastin takia, osoittamatta vähääkään myötätuntoa kanssaihmisiämme kohtaan.

Neuvottelemme paljon rauhan nimissä. Mutta mitä voimme toivoa muuttavamme vain istumalla pöydän ääressä puhumassa? Kun kaikki on sanottu ja tehty ja erotessamme kättelemme toisiamme, ilmaiseeko tuo ele aidosti sydämissämme tuntemaamme rakkauden ja myötätunnon lämpöä? Jos ei, niin silloin ei ole tapahtunut oikeaa vuoropuhelua. Todellisen vuoropuhelun tapahtumiseksi tarvitaan avoin sydäntenvälinen yhteenkuuluvuus. Näin voi tapahtua ainoastaan sitten kun vihamielisyydestä, ennakkoluuloista ja kostonhimosta rakennetut seinät puretaan.

Kaikkien huolenaiheena on luonnonsuojelu. Kuitenkaan emme näe kaikkea mitä luonto yrittää meille opettaa. Tarkastelkaapa luontoa talvella. Puut pudottavat vanhat lehtensä, eivätkä ne enää tuota hedelmää. Linnutkin vain harvoin laskeutuvat puihin. Mutta kun kevät saapuu, koko luonto kokee muutoksen. Uudet lehdet puhkeavat puihin ja köynnöksiin. Pian puut täyttyvät kukista ja hedelmistä. Lintujen laulua ja siipien havinaa voi kuulla kaikkialla. Koko ympäristö täyttyy tuoksuista ja elinvoimasta. Samat puut, jotka vain kuukausia aiemmin näyttivät kuihtuneilta, ovat nyt täynnä uutta elämää, kauneutta ja elinvoimaa.

Samaan tapaan, ottaen mallia luonnosta, valtioiden ja niiden johtajien tulisi hylätä vanhat sotaa koskevat luulot ja käsitykset. Meidän pitäisi tehdä loppu ihmisten sodan nimissä harjoittamista julmuudesta ja säälimättömyydestä. Sota on sivistymättömän mielen tuote. Vanhojen ajatuskaavojen tulisi pudota pois, ja niiden tilalle pitäisi puhjeta uudet myötätunnon ja kauneuden lehdet, kukat ja hedelmät. Vähitellen voimme tuhota sisäisen vihollisemme "sodanhimon", joka on kirous sekä ihmiskunnalle että luonnolle.

Sitten voimme aloittaa uuden aikakauden rauhan ja onnellisuuden toivossa.

Myötätunto on rauhan perusta. Meissä jokaisessa on myötätuntoa. Kuitenkin sitä on vaikea kokea ja ilmaista kaikissa teoissamme. Meidän tulee katsoa sisäämme ja tutkiskella syvällä sisimmässämme: "Sykkiikö sydämeni elämää? Voinko yhä tuntea rakkauden ja myötätunnon lähteen itsessäni. Vieläkö sydämeni sulaa muiden kivuista ja kärsimyksistä? Olenko itkenyt yhdessä kärsivien kanssa? Olenko todella yrittänyt pyyhkiä muiden kyyneleitä, lohduttaa heitä tai vähintäänkin antanut jollekulle aterian tai vaatekerran?" Näin meidän pitäisi rehellisesti tutkiskella. Silloin, vilvoittavan kuunvalon lailla, kuin itsestään alkaa mielissämme loistaa myötätunto.

Jos haluamme rauhaa ulkoiseen maailmaan, tulisi sisäisessäkin maailmassamme vallita rauha. Rauha ei ole älyllinen ratkaisu. Se on kokemus.

Myötätuntoinen asenne ja myötäelämisen taito tekevät johtajasta todella rohkean. Kuka tahansa, kenellä on varaa, aseita ja tietämystä voi lähteä sotaan. Mutta kukaan ei voi valloittaa rakkauden ja sydänten yhtenäisyyden voimaa.

Jospa vain mielemme, silmämme, korvamme ja kätemme voisivat aidosti ymmärtää ja tuntea muiden kivun ja surun! Jos näin olisi, niin kuinka monta itsemurhaa olisikaan voitu välttää? Kuinka monet olisivatkaan saaneet ruokaa, vaateita ja suojaa? Kuinka monet lapset olisivat välttyneet tulemasta orvoiksi? Kuinka monia niistä naisista, jotka joutuvat myymään kehoaan elääkseen, olisi voitu auttaa? Kuinka monelle sietämättömästä kivusta kärsivälle sairaalle olisi voitu hankkia lääkkeitä ja hoitoa? Kuinka monta rahan, maineen tai aseman takia syntynyttä selkkausta olisikaan voitu välttää?

Ensimmäinen askel myötätunnon kehittämisessä on kohdella rakastavasti ja kunnioittavasti kaikkia elottomina pitämiämme kohteita, kuten kiviä, hiekkaa, puuta jne. Jos kykenemme tuntemaan rakkautta ja sympatiaa tällaisia elottomia asioita kohtaan, tulee helpommaksi kehittää rakkautta ja myötätuntoa puita, köynnöksiä, eläimiä, merien ja jokien, vuorten ja koko luomakunnan elämää kohtaan. Jos pääsemme tähän pisteeseen, niin automaattisesti tunnemme sitten myötätuntoa koko ihmiskuntaa kohtaan.

Eikö meidän pitäisikin kiittää istuimia ja kiviä, jotka antavat meille sijan istua ja levätä? Eikö meidän pitäisi osoittaa kiitollisuuttamme maaäitiä kohtaan, joka kärsivällisesti antaa meidän juoksennella, hyppiä ja leikkiä sylissään? Eikö meidän pitäisi olla kiitollisia linnuille, jotka laulavat meille, kukille jotka kukkivat meitä varten, puille jotka antavat varjoa ja joille jotka virtaavat?

Joka päivä näemme uuden auringonnousun. Öisin, kun nukumme kaiken unohtaneina, mitä tahansa voisi tapahtua meille, jopa kuolema. Ajattelemmeko koskaan kiitollisuudella sitä suurta voimaa, joka siunaa meidät heräämään seuraavana aamuna ja toimimaan jälleen niin kuin mitään ei olisi tapahtunut kehollemme ja mielellemme? Jos katselemme asioita tästä näkökulmasta eikö meidän pitäisi olla kiitollisia kaikille ja kaikelle? Vain myötätuntoiset ihmiset kykenevät ilmaisemaan kiitollisuutta.

Ihmisten aiheuttamille sodille ja kuolemille tai näiden murhenäytelmien viattomien uhrien vuodattamille kyynelille ei näy loppua. Mitä varten kaikki tämä? Valloittamisen halun,

ylivertaisuuden osoittamisen ja rahan ja kuului-
suuden himon tyydyttämisen takia. Ihmiskunta
on hankkinut itselleen lukuisia kirouksia. Pääs-
tääkseen niistä vapaaksi, vähintäänkin sadan
tulevan sukupolven pitäisi pyyhkiä kärsivien
kyyneleet, lohduttaa heitä ja lievittää heidän
kipuaan. Viimeistään nyt eikö meidän sovituk-
seksi pitäisi yrittää sisäistä muutosta?

Kukaan vallanhimoinen, itsekeskeinen ja
itsekkäästi omia etujaan ajava johtaja ei ole
koskaan saavuttanut rauhaa tai onnea valloitta-
malla maailmaa ja vainoamalla ihmisiä. Heidän
kuolemansa ja sitä edeltävät päivät ovat olleet
maanpäällistä helvettiä. Historia on osoittanut
toteen tämän tosiasian. Siksi meidän nyt pitäisi
ottaa kiitollisina vastaan tämä kallisarvoinen
tilaisuus edetäksemme tiellä kohti rauhaa ja
myötätuntoa.

Amma aina muistuttaa meitä siitä, ettemme
tuo tänne mitään, emmekä vie mitään muka-
namme lähtiessämme tästä maailmasta. Meidän
tulee opetella intohimottomuutta ja takertu-
mattomuutta maailmaa ja sen asioita kohtaan

ja ymmärtää että ne eivät koskaan voi antaa meille todellista, kestävää onnea.

Esimerkkinä tästä, Amma kertoo tarinaa Aleksanteri Suuresta. Kuten tiedätte, Aleksanteri oli suuri soturi ja hallitsija, joka valloitti lähes kolmasosan maailmasta. Hän halusi koko maailman keisariksi, mutta koki tappion eräässä taistelussa ja sairastui kuolettavasti. Muutamaa päivää ennen kuolemaansa, hän kutsui ministerinsä ja selitti heille, miten hän halusi tulla haudatuksi. Hän kertoi heille, että halusi arkkunsa molemmille puolille aukot mistä hänen käsiensä tulisi, kämmenet ylöspäin roikkua ulos. Ministerit kysyivät herraltaan, miksi hän halusi näin tehtävän.

Aleksanteri selitti, että silloin kaikki tulisivat tietämään, että "Mahtava Aleksanteri", joka pyrki koko elämänsä ajan hallitsemaan ja valloittamaan, jätti maailman täysin tyhjin käsin. Hän ei ottanut mukaansa edes omaa kehoaan. Näin ollen he ymmärtäisivät miten turhaa on käyttää elämänsä omaisuuden haalimiseen.

Amma haluaa meidän ymmärtävän maailman ja sen asioiden tilapäisyyden. Ne ovat

väliaikaisia, emmekä kuoltuamme saa täältä
mitään mukaamme.

Maailmankaikkeudessa kaikella on oma ryt-
minsä. Tuuli, sade ja aallot, hengityksemme ja
sydämenlyöntimme, näillä kaikilla on rytminsä.
Samoin elämällä on rytmi. Ajatuksemme ja
tekomme luovat elämämme rytmin ja sävelen.
Kun ajatustemme rytmi on hukassa, se heijastuu
tekoihimme. Tämä vuorostaan järkyttää koko
olemassaolon rytmiä. Tänä päivänä näemme
tämän kaikkialla.

Nykyisin ilma on yhä saastuneempaa, samoin
vesi. Joet ovat kuivumassa. Metsät ovat tuhoutu-
massa. Uudet taudit leviävät. Jos näin jatkuu, niin
luontoa ja ihmiskuntaa odottaa valtava mullistus.

Amma antaa esimerkin saasteiden vaikutuk-
sista ympäristöön. Amma yhäkin muistaa miten
hänen lapsuudessaan, jos lapsi sai naarmun tai
haavan, hänen äitinsä pisti siihen lehmänlantaa.
Tämä auttoi sitä parantumaan nopeammin.
Mutta jos tänä päivänä tekisimme näin, haava
tulehtuisi. Henkilö saattaisi jopa kuolla. Tänä
päivänä lehmänlanta on myrkyllistä. Se, mikä
oli ennen lääkettä on nykyisin myrkkyä.

Nykyinen sukupolvi elää niin kuin sillä ei olisi mitään suhdetta luontoon. Kaikki ympärillämme oleva on keinotekoista. Syömme keinotekoisilla lannoitteilla ja torjunta-aineilla viljeltyjä hedelmiä ja viljaa. Lisäämme niihin säilöntäaineita jotta ne säilyisivät kauemmin kaupan hyllyllä. Tähän tapaan, tietoisesti tai tiedostamattamme, syömme jatkuvasti myrkkyjä. Tämän seurauksena ilmenee yhä enemmän uusia sairauksia. Itse asiassa, kauan sitten keskimääräinen elinikä oli yli sata vuotta. Nykyään ihmiset elävät vain kahdeksankymmentävuotiaiksi, jos sitäkään. Lisäksi yli 75 prosenttia ihmisistä kärsii jostakin sairaudesta.

Eivät ainoastaan ruoka, jota syömme ja vesi jota juomme ole saastuneet, vaan jopa ilma, jota hengitämme on täyttynyt myrkyistä. Tämän ansiosta, ihmisten vastustuskykykin on heikenytnyt. Jo nyt monet ovat riippuvaisia hengityslaitteista ja heidän määränsä tulee yhä lisääntymään. Muutaman vuoden kuluttua ihmisten täytyy kävellä ympäriinsä kantaen happisäiliöitä, kuten sellaisissa paikoissa, joissa ei ole lainkaan happea. Suurin osa ihmisistä on allergisia jollekin. He ovat allergisia näennäisesti pienille asioille. Lyhyesti sanottuna, ihmiskunnan ja luonnon yhä jatkuva vieraantuminen toisistaan on tehnyt elämämme entistä vaikeammaksi.

Eivät pelkästään nykyajan ihmiset, vaan jopa ihmisen kesyttämät ja kasvattamat eläimet, linnut ja kasvit ovat vieraantumassa luonnosta. Luonnonvaraiset kasvit selviävät millä tahansa säällä. Satoi tai paistoi, ne sopeutuvat luonnon ehtoihin. Mutta entäpä huonekasvit? Ne eivät yksinään kestä tuhohyönteisiä. Niihin täytyy ruiskuttaa torjunta-aineita. Ne tarvitsevat erityistä huolenpitoa. Lyhyesti sanottuna, ne eivät kykene itsestään selviytymään luonnossa.

Tänä päivänä metsät on tuhottu ja niiden tilalle on rakennettu kerrostaloja. Monet linnut tekevät pesiään näihin rakennelmiin. Jos tutkimme linnupesiä lähemmin, tulemme näkemään, että ne on tehty johdoista ja muovinpalasista. Tämä johtuu siitä että puiden määrä on vähenemässä. Tulevaisuudessa ei ehkä ole enää ollenkaan puita. Linnut opettelevat sopeutumaan uuteen ympäristöönsä.

Mehiläisten tila on samanlainen. Yleensä niillä ei ole vaikeuksia medenhakumatkoillaan kulkea jopa kolmen kilometrin päähän pesistään. Mutta nykyisin, kerättyään mettä, monet mehiläiset eksyvät, koska ne eivät muista tietä kotiin. Ja koska eivät pääse takaisin pesiinsä, ne kuolevat. On tavallaan mehiläisten ansiota, että meillä on ruokaa. Mehiläiset auttavat pölyttämään niitä kasveja, jotka tuottavat hedelmiä ja viljaa. Miten tärkeä rooli onkaan mehiläisillä luonnon ja yhteiskunnan ylläpitämisessä! Tällä tavalla ihmiskunta hyötyy joka ikisestä elävästä olennosta. Kaikki maailman olennot ovat elääkseen riippuvaisia toisistaan. Jos lentokoneen moottorissa on vikaa, se ei voi lentää. Ja jos jopa yksikin tärkeä ruuvi on viallinen, siltikään kone ei voi lentää. Samaan tapaan, jopa kaikkein pienimmälläkin elollisella olennolla on tärkeä tehtävä. Kaikki elolliset olennot tarvisevat meidänkin apuamme selviytyäkseen. Myös ne ovat meidän vastuullamme.

Maailman väkiluku kasvaa päivittäin. Käy yhä vaikeammaksi tuottaa tarpeeksi ruokaa ja viljaa kaikkien tarpeisiin. Siksi tiedemiehet yrittävät kehittää erilaisia keinotekoisia menetelmiä, kuten kemiallisia lannoitteita, jotta voitaisiin tuottaa enemmän satoa. Kasvit, joilta aikaisemmin kesti puoli vuotta tuottaa vihanneksia, tekevät sen nyt kahdessa kuukaudessa. Mutta näiden vihannesten ravintoarvo on vain kolmasosa aikaisemmasta. Lisäksi näiden kasvien elinikä on huomattavasti lyhentynyt. Näemme, että keinotekoiset mene-telmämme ovat epäonnistuneet.

Luonto on kuin kultamunia muniva hanhi. Mutta, jos tapamme hanhen ja yritämme samalla saada kultaiset munat, tulemme menettämään kaiken. Meidän pitää lakata saastuttamasta ja käyttämästä luontoa hyväksemme. Meidän täytyy suojella luontoa, jotta selviytyisimme ja tulevat sukupolvet selviytyisivät. Luonto on toiveet täyttävä puu, joka yltäkylläisesti antaa ihmiskunnalle. Tänä päivänä meidän tilamme on kuitenkin sama kuin hullun, joka sahaa poikki sitä puunoksaa, millä itse istuu.

Kehon valkosolujen määrän lisääntyminen saattaa olla merkki syövästä. Valkosolut eivät ole vaarallisia, mutta jos niiden määrä ylittää tietyn rajan, niin saatamme sairastua. Samoin tarvitsemme luonnonvaroja elääksemme, mutta jos riistämme ja vahingoitamme luontoa, se käy vaaralliseksi sekä meille itsellemme että muille. Ammalla on pyyntö. Jokaisen tällä planeetalla tulisi ottaa osaa luonnon tasapainon palauttamiseen. Ensiksikin, meidän pitäisi tehdä kaikkemme saastuttamisen lopettamiseksi. Tehtaat ovat tarpeellisia, mutta meidän pitäisi keksiä uusia tapoja vähentää niistä aiheutuvaa ilman ja vesistöjen saastumista. On myös parempi rakentaa tehtaat kauaksi asuinalueista.

Eräs pääasiallinen saasteiden lähde kaupungeissa on autojen määrän lisääntyminen. Jo nyt useimmilla perheillä on yksi tai useampia autoja. Jos samalla alueella asuu viisi ihmistä, jotka käyvät samassa työpaikassa, heidän pitäisi laatia aikataulu kulkeakseen yhteisellä autolla. He voivat vuorotellen ajaa toisiaan töihin. Tähän tapaan yksi auto korvaisi viisi autoa. Jos koko maassa tehtäisiin näin, silloin sadantuhannen auton määrä vähenisi kahteenkymmeneen tuhanteen. Myös saasteet vähenisivät. Säästäisimme paljon öljyä. Me kaikki tiedämme, että maailman öljyvarat ovat vähenemässä. Yhteisautoilun ansiosta jäljellä oleva öljymäärä riittäisi kauemmin. Mutta mikä tärkeämpää, ihmisten välinen rakkaus ja yhteistyöhalu sisääntyisivät. Amma kokee, että tätä neuvoa jokainen voisi käytännössä yrittää toteuttaa.

Lyhyet matkat voimme tehdä polkupyörällä, sen sijaan että tuhlaisimme polttoainetta. Samalla saamme myös liikuntaa. Yksi nykyisin lisääntyvän sairastelun syistä on liian vähäinen liikunta. Jotkut äidit valittavat Ammalle: "Joudun maksamaan paljon lapseni kuntosalilla käynnistä". Kun Amma kysyy, miten heidän lapsensa menevät kuntosalille, äidit vastaavat: "Vien heidät sinne autolla", vaikka kuntosali onkin vain puolentoista kilometrin päässä. Jos lapsi itse kävelisi tuon matkan, eikö siinä olisi tarpeeksi liikuntaa. Kuntosalimaksuihin käytetyt rahat säästyisivät.

Kotipuutarhojen pito on vähentynyt monissa maissa. Vaikka meillä olisi vain pieni maatilkku, meidän pitäisi yrittää kasvattaa joitakin vihanneksia. Meidän pitäisi käyttää vain luonnonmukaisia lannoiteita. Meidän pitäisi viettää aikaa kasviemme kanssa. Meidän pitäisi puhua niille ja suukotella niitä. Tämä suhde kasveihimme antaisi meille uutta elinvoimaa.

Metsillä on kaikkein tärkein rooli luonnon tasapainon ylläpitämisessä. Se vähäinen tasapaino mitä on enää jäljellä luonnossa on pelkästään metsien ansiota. Kaikkien maiden pitäisi yrittää suojella metsiään ja istuttaa mahdollisimman paljon puita. Meidän kaikkien pitäisi luvata istuttaa vähintään yksi puu kuukaudessa. Siten, yhden vuoden aikana yksi henkilö istuttaisi kaksitoista puuta. Jos kaikki osallistuisivat tähän, lyhyessä ajassa voisimme palauttaa luonnon kauneuden takaisin maapallolle. Amma on kuullut eräästä puulajista [karibialainen Tabonuco-puu]. Tämän puun juuret kasvavat yhteen ja takertuvat lajitovereihinsa. Näin nämä puut eivät voimaakkaassakaan tuulessa kaadu. Silloin kun rakastavasti ja yhtenäisesti elämme luonnon kanssa sopusoinnussa, meillä on voimaa kestää kaikki kriisit.

Luonto on ensisijainen äitimme. Se huolehtii meistä koko elämämme ajan. Meidät synnyttänyt äiti antaa meidän istua sylissään parin vuoden ajan, mutta luontoäiti kärsivällisesti kantaa

painoamme koko elinikämme. Luontoäiti tuu-
dittaa meidät uneen laulullaan, syöttää ja hoivaa
meitä. Niin kuin lapsikin on velkaa äidilleen, niin
myös äiti luontoa kohtaan meidän kaikkien tulisi
tuntea vastuuta ja kiitollisuutta. Jos unohdam-
me tämän velvollisuutemme, se on sama kuin
unohtaisimme oman itsemme. Jos unohdamme
luonnon, lakkaamme olemasta. Silloin kuljemme
kohti kuolemaa.

Entisaikaan ei ollut tarpeen suojella luontoa,
koska luonnonsuojelu oli osa Jumalan palvele-
mista ja osa elämää itseään. Mieluummin kuin
pohdiskelivat "Jumalaa", entisajan ihmiset rakas-
tivat ja palvelivat luontoa ja yhteiskuntaa. He
näkivät luojan luomakunnassa. He rakastivat,
palvoivat ja suojelivat luontoa Jumalan näkyvänä
muotona.

Meidän pitäisi herättää jälleen tämä näkemys.
Tänä päivänä ihmiskunnan suurin uhka ei ole
kolmas maailmansota, vaan luonnon tasapainon
katoaminen ja yhä kasvava etääntymisemme
luonnosta. Meidän pitäisi kehittyä olemaan yhtä
valppaita kuin henkilö, jota uhataan aseella.
Ainoastaan silloin voi ihmisrotu selvitä.

Elämä saa täyttymyksensä silloin, kun ihmiset ja luonto kulkevat yhdessä ja sopuisasti käsi kädessä. Musiikki on kaunista ja miellyttävää kuunnella silloin, kun sävel ja rytmi täydentävät toisiaan. Samoin silloin, kun ihmiset elävät luonnonlakien mukaan, elämästä tulee kaunis laulu.

Luonto on suuri kukkatarha. Eläimet, linnut, puut, kasvit ja ihmiset ovat tarhan eri värisiä täyteen kukkaan puhjenneita kukkia. Tämän kukkatarhan kauneus on täydellistä silloin kun ne kaikki elävät yhteydessä toisiinsa, levittäen rakkauden ja yhtenäisyyden värähtelyjä. Yhdistäköön rakkaus kaikki mielet. Työskennelkäämme yhdessä sen eteen, etteivät nämä erilaiset kukat kuihtuisi, ja jotta puutarha voisi ikuisesti kukoistaa.

Seuraavaksi Amma haluaisi ilmaista joitakin seikkoja, mitä hän pitää ajattelemisen arvoisina.

1. Kuvitelkaapa, että ihmisrotu poistettaisiin maapallolta. Planeetta täyttyisi jälleen kasvillisuudesta. Vedet puhdistuisivat. Ilma puhdistuisi. Koko luonto olisi tulvillaan iloa. Seuraavaksi miettikää sitä, jos maailmassa ei olisi mitään muuta elämää kuin ihmisiä. Ihmiset

eivät selviytyisi. Tällä Jumalan luomalla maalla ja luonnosta nousevalla laululla on täydellisesti yhteensointuvat rytmi ja sävel. Vain ihmiset tuovat sekaan riitasointuja.

2. Rauha syntyy rakkaudesta ja myötätunnosta. Rakkaudesta sydämemme herkkä nuppu puhkeaa kukkaan ja rakkauden suloinen tuoksu leviää ympäristöön.

3. Yhteiskunnan linnulla on kaksi siipeä: tiede ja henkisyys. Näiden kahden pitää käydä käsi kädessä. Molemmat ovat tärkeitä yhteiskunnan kehityksen kannalta. Jos voimme pitää kiinni henkisistä arvoista ja siten edistyä, silloin tieteestä voi tulla väline maailman rauhan ja harmonian edistämisessä.

4. Meidän ei koskaan pitäisi menettää sisäistä voimaamme. Vain heikko mieli näkee kaikessa pimeän puolen ja kokee hämmennystä. Mutta optimistit näkevät Jumalan armon valon missä tahansa pimeydessä. Uskon lamppu on sisimmässämme. Meidän pitäisi sytyttää tuo lamppu. Siten se valaisisi ja ohjaisi jokaista askeltamme. Meidän ei tulisi takertua kipeisiin muistoihin menneistä sodista ja entisaikojen ristiriidoista.

Meidän pitäisi unohtaa vihan ja keskinäisen kilpailun pimeä historia ja toivottaa tervetulleeksi uskon, rakkauden ja yhtenäisyyden uusi aikakausi. Tämän eteen meidän kaikkien on tehtävä yhdessä työtä. Mikään ponnistus, edes pieninkään, ei koskaan mene hukkaan. Vaikka vain yksikin kukka kukkisi autiomaassa, on se ainakin jotakin. Tällaisella asenteella meidän pitäisi toimia. Kykymme saattavat olla rajalliset, mutta jos soudamme elämän venettä oman yritteliäisyytemme airoin, tulee Jumalan armo puhaltamaan

5. Meidän tulisi olla valmiita muuttumaan. Muutoin meidät pakotetaan muutokseen. Muutos tai kuolema, meidän on valittava jompikumpi.

6. Kuinka monet lajit ovatkaan jo kuolleet sukupuuttoon! Ihmisrodun tulisi ymmärtää, ettei se ole ainoa laji, jolla on oikeus elää. Ei riitä, että olemme kilttejä ja myötätuntoisia vain muita ihmisiä kohtaan, meidän on samalla tavalla oltava myötätuntoisia kaikkia eläviä olentoja kohtaan.

7. Emme pääse taudeista eroon pelkästään hävittämällä hyttyskantoja, kanoja ja lehmiä.

Luonnon tasapainon palauttamisen tulisi olla ensisijainen tavoitteemme.

Jos kerran sota syntyy ihmismielissä, niin myös rauhan pitäisi lähteä sieltä. Estääksemme tulevaisuuden sodat, meidän tulisi iskostaa lapsiimme oikeat arvot jo nuorella iällä. Jugurtin valmistukseen tarvitaan vain vähän jugurttia, joka lisätään maitoon. Sen annetaan sitten seistä jonkun aikaan. Samaan tapaan, vanhempien pitäisi olla lapsilleen hyvinä esimerkkeinä ja välittää heille hyviä arvoja. Silloin nuo ominaisuudet heräävät heissä itsessään.

Amman matkustaessa ympäri maailmaa, ihmisiä sotaa käyvistä maista tulee tapaamaan häntä. Amma on kuullut sodan järkyttämiltä alueilta tulevien naisten kertovan: "Aamuisin me heräämme aseiden paukkeeseen ja ihmisten huutoihin. Peloissaan ja itkien lapsemme takertuvat meihin kiinni ja myös me pitelemme heitä ja itkemme. Siitä on vuosia, kun viimeksi heräsimme linnunlauluun". Rukoilkaamme, että pyssynpauke sellaisissa paikoissa vaihtuisi pian linnunlauluun ja että niin nuoret kuin vanhatkin purshkahtaisivat nauruun, eivätkä kyyneliin.

Ammasta tuntuu usein, että olisi niin kaunista, jos kuten jossakin lasten leikissä, sirpaleiden sijasta pommit räjäyttäisivät ympärilleen suklaata ja makeisia, tai levittäisivät suloista tuoksua tai jos ne valaisisivat taivaan sateenkaaren väreillä. Jos vain tuhon leimahdukset olisivatkin myötäunnon leimahduksia. Nykyisillä aseilla voidaan osua maaliin tappavalla tarkkuudella. Voisimmepa samalla tarkkuudella tavoittaa köyhät, nälkäiset ja kodittomat!

Näyttäkäämme maailmalle yhteisvoimin että myötätunto, rakkaus ja huolenpito muista ei ole täysin kadonnut maanpinnalta. Rakentakaamme niistä yleismaailmallisista arvoista, jotka ovat ravinneet ihmiskuntaa ikuisia aikoja, uusi rauhan ja harmonian maailma. Heittäkäämme ikiajoiksi hyvästit sodalle ja julmuudelle, tehden niistä satujen ainesta. Olkaamme se sukupolvi, joka tulevaisuudessa tullaan muistamaan rauhan sukupolvena.

||Om lokah samastah sukhino bhavantu||